escuela - դպրոց
viaje - ճանապարհորդություն
transporte - Փոխադրամիջոցներ 10
ciudad - քաղաք 14
paisaje - բնապատկեր 17
restaurante - ռեստորան 20
supermercado - սուպերմարկետ 22
bebidas - օրական 23
comida - սնունդ 27
granja - ֆերմա 31
casa - տուն 33
estancia - հյուրասենյակ 35
cocina - խոհանոց 38
baño - լողասենյակ 42
recámara de los niños - մանկական սենյակ 44
ropa - հագուստ 49
oficina - գրասենյակ 51
economía - տնտեսություն 53
ocupaciones - մասնագիտություն 56
herramientas - գործիքներ 57
instrumentos musicales - երաժշտական գործիքներ 59
zoológico - կենդանաբանական այգի 62
deportes - սպորտներ 63
actividades - գործունեություն 67
familia - ընտանիք 68
cuerpo - մարմին 72
hospital - հիվանդանոց 76
emergencia - շտապ օգնություն 77
tierra - երկիր 79
reloj - ժամացույց 80
semana - շաբաթ 81
año - տարի 83
formas - ձեւավորում 84
colores - գույներ 85
opuestos - հակադիրներ 88
números - թվեր 90
idiomas - լեզուներ 91
quién / qué / cómo - Ով է /, թե ինչ է /, ինչպես 92
dónde - որտեղ

Impressum
Verlag: BABADADA GmbH, Nedderfeld 112 , 22529 Hamburg
Geschäftsführer / Verlagsleitung: Harald Hof
Druck: Books on Demand GmbH, In de Tarpen 42, 22848 Norderstedt

Imprint
Publisher: BABADADA GmbH, Nedderfeld 112 , 22529 Hamburg, Germany
Managing Director / Publishing direction: Harald Hof
Print: Books on Demand GmbH, In de Tarpen 42, 22848 Norderstedt, Germany

1

# escuela
## դպրոց

- dividir — բաժանել
- pizarrón — գրատախտակ
- pap — թուղթ
- bolígrafo — գրիչ
- escritorio — գրասեղան
- regla — քանոն
- libro — գիրք
- salón de clases — մատյան
- maestro — ուսուցիչ
- escribir — գրել
- patio — խաղադաշտ
- alumno — աշակերտ

mochila
պայուսակ

caja de lápices
գրչատուփ

lápiz
մատիտ

sacapuntas
մատիտի սրիչ

goma de borrar
ռետին

diccionario visual
պատկերազարդ բառարան

bloc de dibujo
նկարչական ալբոմ

dibujo
նկարչություն

pincel
վրձին

aja de lápices de color
ներկերի տուփ

tijeras
մկրատ

pegamento
սոսինձ

libro de ejercicios
տետր

tarea
Տնային աշխատանք

número
թիվ

sumar
գումարել

restar
հանել

multiplicar
բազմապատկել

calcular
հաշվել

letra
տառ

alfabeto
այբուբեն

escuela - դպրոց

3

| | | |
|---|---|---|
|  |  |  |
| palabra | texto | leer |
| բառ | տեքստ | կարդալ |
|  |  |  |
| tiza | lección | cuaderno de clase |
| կավիճ | դաս | մատյան |
|  |  |  |
| examen | certificado | uniforme |
| քննություն | վկայական | դպրոցական համազգեստ |
|  |  | 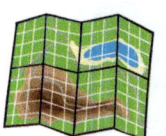 |
| educación | enciclopedia | universidad |
| կրթություն | հանրագիտարան | համալսարան |
|  |  |  |
| microscopio | mapa | bote de basura |
| մանրադիտակ | քարտեզ | աղբարկղ |

escuela - դպրոց

# viaje
## ճանապարհորդություն

- hotel — հյուրանոց
- hostel — հանրակացարան
- casa de cambio — փոխանակման կետ
- maleta — ճամպրուկ
- carro — ավտոմեքենա

idioma

լեզու

sí / no

այո / ոչ

Órale

Լավ

hola

ողջույն

traductor

թարգմանիչ

Gracias

Շնորհակալություն

viaje - ճանապարհորդություն

¿cuánto cuesta…?

Որքան է ...?

No entiendo

Ես չեմ հասկանում

problema

խնդիր

¡Buenas tardes!

Բարի երեկո

¡Buenos días!

Բարի լույս

¡Buenas noches!

Բարի երեկո

adiós

ցտեսություն

dirección

ուղղություն

equipaje

ուղղեբեռ

bolsa

պայուսակ

mochila

մեջքի պայուսակ

invitado

հյուր

recámara

սենյակ

bolsa de dormir

քնապարկ

tienda de campaña

վրան

información turística
Զբոսաշրջության տեղեկատվական

playa
լողափ

tarjeta de crédito
ԿՐԵԴԻՏ քարտ

desayuno
նախաճաշ

almuerzo
լանչ

cena
ճաշ

billete
տոմս

ascensor
վերելակ

sello
կնիք

frontera
սահման

aduana
մաքսային

embajada
դեսպանություն

visa
մուտքի արտոնագիր

pasaporte
անձնագիր

viaje — ճանապարհորդություն

# transporte

## Փոխադրամիջոցներ

avión
ինքնաթիռ
barco
նավ
camión de bomberos
հրշեջ մեքենա
autobús
ավտոբու
camión
բեռնատար մեքենա
lancha a motor
մոտորանավակ
bicicleta
հեծանիվ
carro
ավտոմեքենա

ferry

լաստանավ

bote

նավակ

motocicleta

մոտոցիկլ

patrulla

ոստիկանության մեքենա

coche de carreras

մրցարշավային մեքենա

auto para rentar

վարձակալվող մեքենա

8 transporte - Փոխադրամիջոցներ

renta de autos

քենայի վարձակալում

grúa

էվակուատոր

camión recolector de basura

աղբահանության մեքենա

motor

շարժիչ

gasolina

վառելիք

gasolinera

բենզալցակայան

señal de tráfico

երթևեկության նշան

tránsito

երթևեկություն

embotellamiento

խցանում

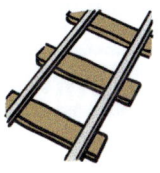

aparcamiento

ավտոկանգառ

estación de tren

երկաթուղային կայարան

vías

երկաթուղագիծ

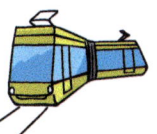

tren

գնացք

tranvía

տրամվայ

vagón

վագոն

helicóptero
ուղղաթիռ

aeropuerto
օդանավակայան

torre
աշտարակ

pasajero
ուղևոր

contenedor
աման

caja de cartón
խավաքարտ

carretilla
սայլ

cesta
զամբյուղ

despegar / aterrizar
հանեք / հողատարածք

# ciudad
քաղաք

pueblo
գյուղ

centro de ciudad
քաղաքի կենտրոնում

casa
տուն

10    ciudad - քաղաք

cabaña
խրճիթ

apartamento
բնակարան

estación de tren
երկաթուղային կայարան

ayuntamiento
քաղաքապետարան

museo
թանգարան

escuela
դպրոց

ciudad - քաղաք

universidad
համալսարան

banco
բանկ

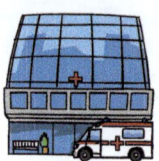
hospital
հիվանդանոց

hotel
հյուրանոց

farmacia
դեղատուն

oficina
գրասենյակ

librería
գրքույկ խանութ

tienda
խանութ

florería
ծաղկի խանութ

supermercado
սուպերմարկետ

mercado
շուկա

grandes tiendas
հանրախանութ

pescadería
ձկան խանութ

centro comercial
առևտրի կենտրոն

puerto
նավահանգիստ

ciudad - քաղաք

parque

զբոսայգի

banco

բանկերը

puente

կամուրջ

escaleras

աստիճաններ

metro

մետրո

túnel

թունել

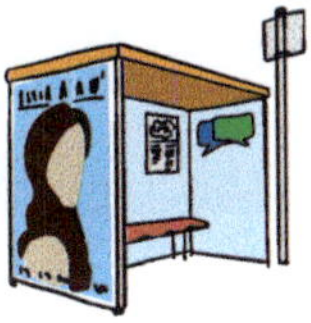

parada de autobús

ավտոբուսի կանգառ

bar

բար

restaurante

ռեստորան

buzón

փոստարկղ

letrero

փողոցային նշան

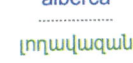

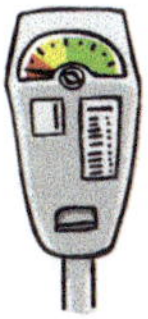

parquímetro

ավտոկայանման հաշվիչ

zoológico

կենդանաբանական այգի

alberca

լողավազան

mezquita

մզկիթ

granja
ֆերմա

contaminación
աղտոտման

cementerio
գերեզմանոց

iglesia
եկեղեցի

área de niños
խաղահրապարակ

templo
տաճար

## paisaje
բնապատկեր

hoja — փետղ
señal — ուղղության նշան
camino — ճանապարհի
pradera — մարգագետին
piedra — քար
árbol — ծառ
caminante — արշավականներ
río — գետ
pasto — խոտ
flor — ծաղիկ

14 paisaje - բնապատկեր

| | | |
|---|---|---|
|  valle հովիտ |  montaña բլուր |  lago լիճ |
|  bosque անտառ |  desierto անապատ |  volcán հրաբուխ |
|  castillo ամրոց |  arco iris ծիածան |  champiñón սունկ |
|  palmera արմավենու ծառ |  mosquito մժեղ |  mosca թռչել |
|  hormiga մրջյուն |  abeja մեղու |  araña սարդ |

paisaje - բնապատկեր

escarabajo

բզեզ

rana

գորտ

ardilla

սկյուռ

erizo

ոզնի

liebre

նապաստակ

lechuza

բու

pájaro

թռչուն

cisne

կարապ

jabalí

վարազ

ciervo

եղջերու

alce

իշայծյամ

embalse

պատնեշ

turbina eólica

քամին տուրբինների

pansolar

արեւային վահանակ

clima

կլիմա

16   paisaje - բնապատկեր

entrada
ստարտեր

plato fuerte
հիմնական կերակուր

postre
դեսերտ

bebidas
օրական

comida
սնունդ

botella
շիշ

restaurante - ռեստորան

comida rápida

արագ սնունդ

comida de calle

streetfood

tetera

թեյնիկ

azucarera

շաքարաման

porción

բաժին

cafetera espresso

էսպրեսսո մեքենա

periquera

մանկական աթոռ

cuenta

օրինագիծ

charola

սկուտեղ

cuchillo

դանակ

tenedor

պատառաքաղ

cuchara

գդալ

cuchara de té

թեյի գդալ

servilleta

անձեռոցիկ

vaso

ապակի

| | | |
|---|---|---|
| 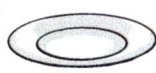 |  |  |
| plato | plato hondo | plato |
| ափսե | խոր ափսե | պնակ |
|  |  |  |
| salsa | salero | molino para pimienta |
| սոուս | աղաման | պղպեղի աղաց |
|  |  |   |
| vinagre | aceite | especias |
| քացախ | ձեթ | համեմունքներ |
|  |  |  |
| kétchup | mostaza | mayonesa |
| կետչուպ | մանանեխ | մայոնեզ |

restaurante - ռեստորան

# supermercado
## սուպերմարկետ

- oferta especial / հատուկ առաջարկ
- cliente / հաճախորդ
- productos lácteos / Dairy
- carrito para compras / գնումների սայլակ
- fruta / միրգ

carnicería

մսամթերքի խանութ

panadería

հացամթերքի խանութ

pesar

կշռել

vegetales

բանջարեղեն

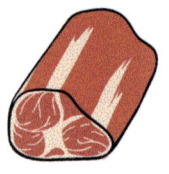

carne

միս

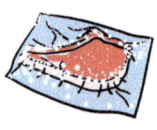

alimentos congelados

սառեցված սննդամթերքի

20  supermercado - սուպերմարկետ

carnes frías
երշիկեղեն

alimentos enlatados
պահածոների

detergente en polvo
լվացքի փոշի

dulces
քաղցրավենիք

electrodomésticos
տնտեսական ապրանքներ

productos de limpieza
մաքրող միջոցներ

vendedora
վաճառող

caja
դրամարկղ

cajero
գանձապահ

lista de compras
գնումների ցուցակ

horario de atención al público
ժամերը

cartera
դրամապանակ

tarjeta de crédito
ԿՐԵԴԻՏ քարտ

bolsa
պայուսակ

bolsa de plástico
պլաստիկ տոպրակ

supermercado - սուպերմարկետ

# bebidas
## օրական

agua
ջուր

jugo
հյութ

leche
կաթ

refresco de cola
կոլա

vino
գինի

cerveza
գարեջուր

alcohol
սպիրտ

cacao
կակաո

té
թեյ

café
սուրճ

espresso
էսպրեսսո

cappuccino
կապուչինո

# comida
# սնունդ

plátano
բանան

manzana
խնձոր

naranja
նարնջի

melón
սեխ

limón
կիտրոն

zanahoria
գազար

ajo
սխտոր

bambú
բամբուկ

cebolla
սոխ

champiñón
սունկ

nueces
ընկուզեղեն

fideos
արիշտա

comida - սնունդ

| espaguetis | arroz | ensalada |
|---|---|---|
| սպագետտի | բրինձ | աղցան |

| patatas fritas | patatas fritas | pizza |
|---|---|---|
| չիպս | տապակած կարտոֆիլ | պիցցա |

| hamburguesa | emparedado | filete |
|---|---|---|
| համբուրգեր | սենդվիչ | կոտլետ |

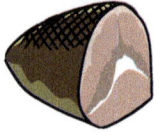  

| jamón | salami | salchicha |
|---|---|---|
| խոզապուխտ | սալյամի | երշիկ |

| pollo | asado | pescado |
|---|---|---|
| հավ | խորոված | ձուկ |

comida - սնունդ

| copos de avena | muesli | copos de maíz |
|---|---|---|
| վարսակի փաթիլներ | մյուսլի | եգիպտացորենի փաթիլներ |

| harina | cuernito | bolillo |
|---|---|---|
| ալյուր | կրուասան | բուլկի |

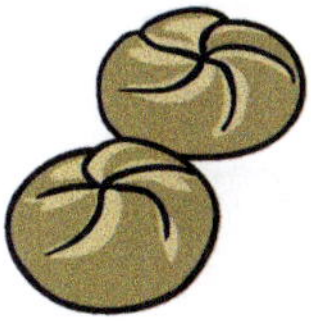

| pan | tostada | galletas |
|---|---|---|
| հաց | տոստ | թխվածքաբլիթներ |

| mantequilla | cuajada | pastel |
|---|---|---|
| կարագ | կաթնաշոռ | տորթ |

| huevo | huevo frito | queso |
|---|---|---|
| ձու | տապակած ձու | պանիր |

comida - սնունդ

helado
պաղպաղակ

azúcar
շաքար

miel
մեղր

mermelada
ջեմ

crema de chocolate
նուգա սերուցք

curry
կարրի

comida - սնունդ

# granja
# ֆերմա

granja
ֆերմային տնակ

granero
գոմ

una paca de paja
ծղոտի դեզ

campo
դաշտ

caballo
ձի

remolque
կցասայլ

potro
քուռակ

tractor
տրակտոր

burro
ավանակ

oveja
ոչխար

cordero
գառ

cabra

այծ

vaca

կով

ternero

հորթ

cerdo

խոզ

lechón

խոճկոր

toro

ցուլ

granja - ֆերմա 27

ganso

սագ

pato

բադ

pollo

ճուտ

gallina

հավ

gallo

աքլոր

rata

առնետ

gato

կատու

ratón

մուկ

buey

ցուլ

perro

շուն

casa dperro

շան բուն

manguera

այգու փողրակ

regadera

watering կարող է

guadaña

գերանդի

arado

գութան

28  granja - ֆերմա

hoz

մանգաղ

azadón

թոխր

horquilla

եղան

hacha

կացին

carretilla

միանիվ ձեռնասայլակ

bebedero

կերակրատաշտ

bote de leche

կաթի բիդոն

saco

պարկ

valla

ցանկապատ

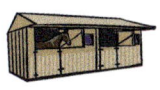

establo

կայուն

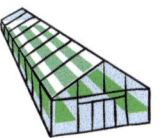

invernadero

ջերմոց

suelo

հող

semilla

սերմ

fertilizador

պարարտանյութ

cosechadora

բերքահավաք կոմբայն

cosechar
բերք

cosecha
բերք

camote
յամս

trigo
ցորեն

soja
սոյա

patata
կարտոֆիլ

maíz
եգիպտացորեն

semilde colza
rapeseed

árbol frutal
մրգային ծառ

mandioca
manioc

cereales
շիլաներ

granja - ֆերմա

# casa
## տուն

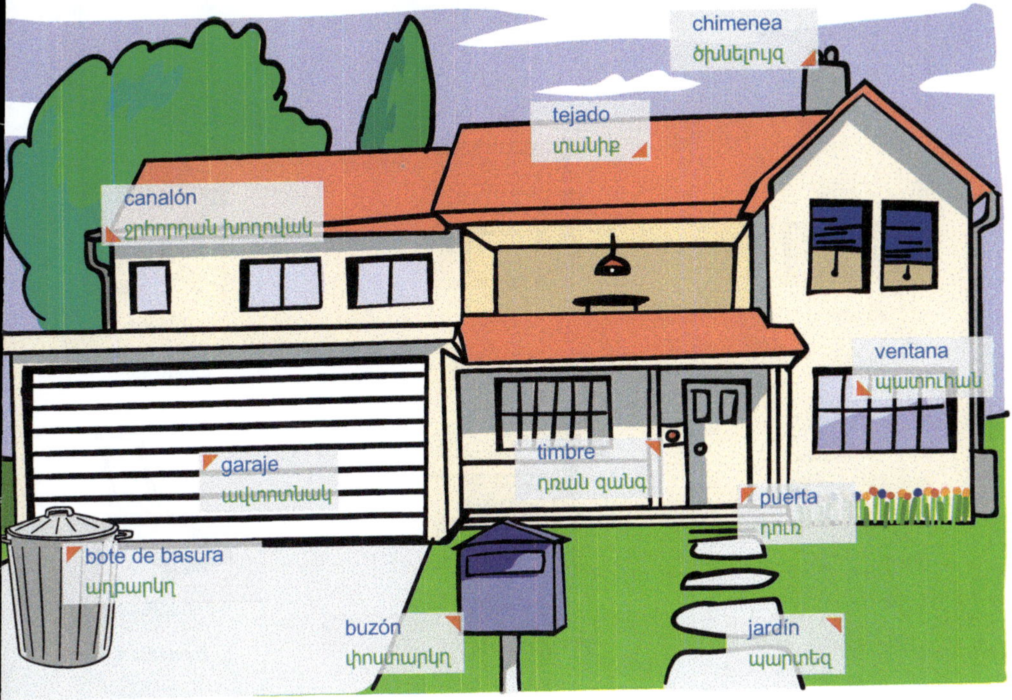

chimenea
ծխնելույզ
tejado
տանիք
canalón
ջրհորդան խողովակ
ventana
պատուհան
timbre
դռան զանգ
garaje
ավտոտնակ
puerta
դուռ
bote de basura
աղբարկղ
buzón
փոստարկղ
jardín
պարտեզ

estancia

հյուրասենյակ

baño

լողասենյակ

cocina

խոհանոց

recámara

ննջարան

recámara de los niños

մանկական սենյակ

comedor

ճաշասենյակ

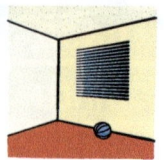

suelo — հարկ 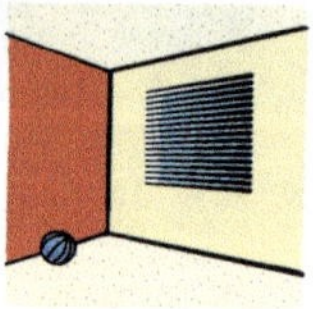
pared — պատ
techo — առաստաղ

sótano — նկուղ
sauna — շոգեբաղնիք
balcón — պատշգամբ

terraza — պատշգամբ
alberca — ավազան
cortacésped — խոտհնձիչ

sábana — թերթ
colcha — անկողնու ծածկոց
cama — մահճակալ

escoba — ավել

balde — դույլ

interruptor — անջատիչ

32     casa - տուն

# estancia

## հյուրասենյակ

imagen
նկար
pappara empapelar
պաստառ
lámpara
լամպ
estante
դարակ
alacena
բուֆետ
televisión
հեռուստացույց
chimenea
բուխարի
flor
ծաղիկ
cojín
բարձ
sofá
բազմոց
florero
սկահակ
control remoto
հեռակառավարման վահանակ

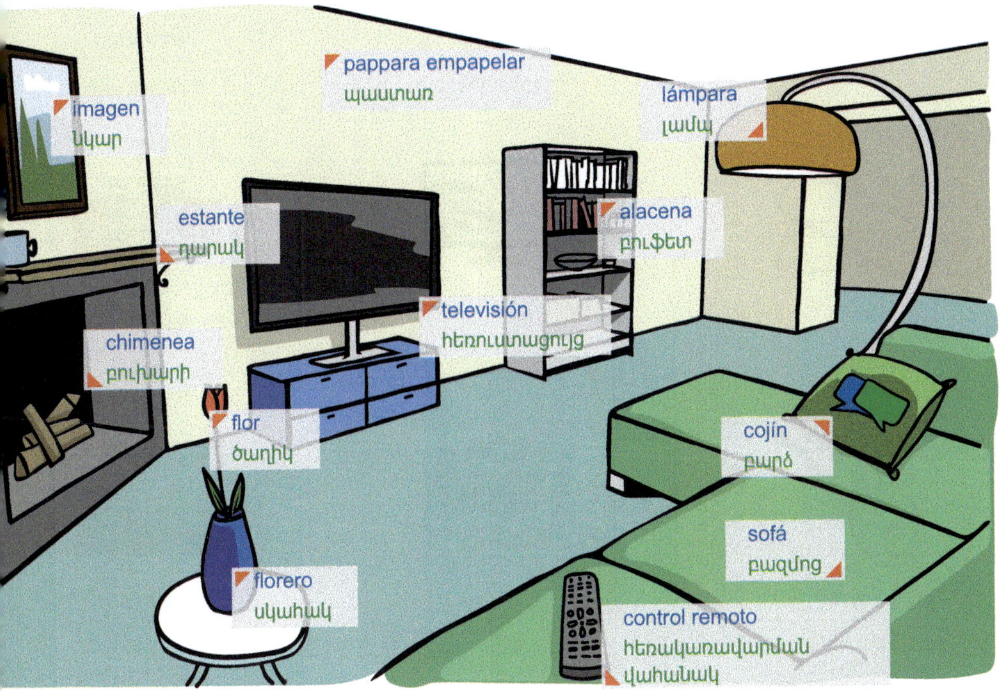

alfombra

գորգ

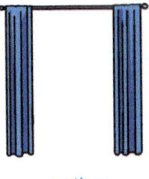

cortina

վարագույր

mesa

սեղան

silla

աթոռ

mecedora

ճոճվող բազկաթոռ

sillón

բազկաթոռ

libro

գիրք

frazada

վերմակ

decoración

զարդարանք

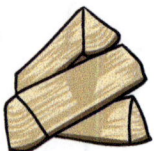

leña

վառելափայտ

película

ֆիլմ

equipo de música

hi-fi

llave

բանալի

periódico

թերթ

pintura

նկար

póster

պլակատ

radio

ռադիո

cuaderno

տետր

aspiradora

փոշեկուլ

cactus

կակտուս

vela

մոմ

estancia - հյուրասենյակ

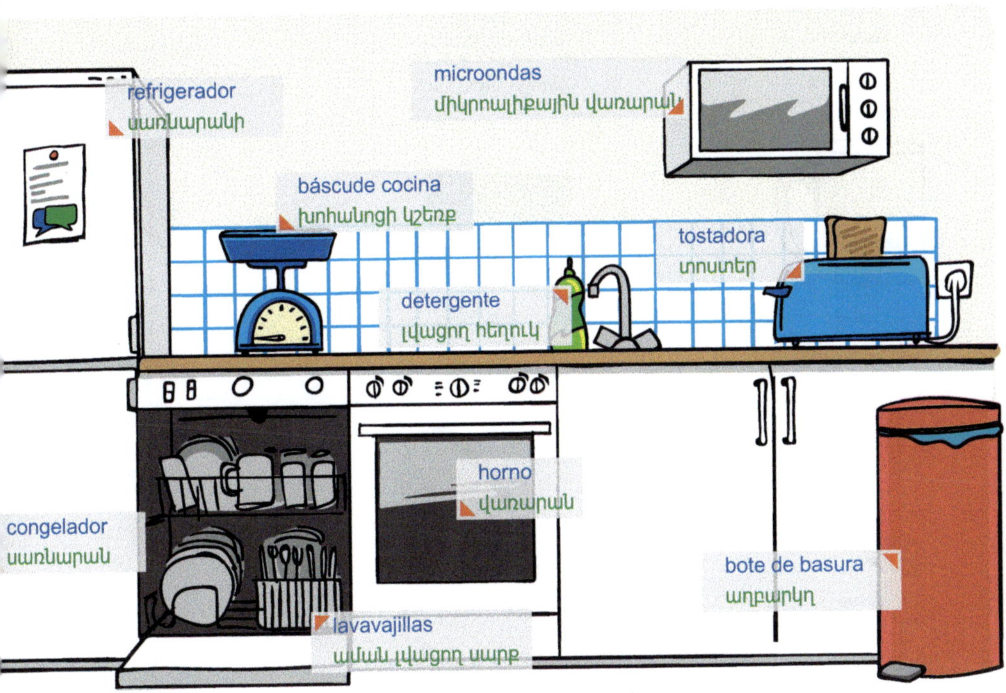

# cocina
# խոհանոց

refrigerador
սառնարանի

microondas
միկրոալիքային վառարան

báscude cocina
խոհանոցի կշեռք

tostadora
տոստեր

detergente
լվացող հեղուկ

horno
վառարան

congelador
սառնարան

lavavajillas
աման լվացող սարք

bote de basura
աղբարկղ

opresión
կաթսա

olla
կճուճ

olde hierro fundido
թուջե աման

wok
wok / kadai

sartén
թավա

hervidor
թեյնիկ

cocina - խոհանոց

vaporera

շոգենավ

charode horno

ջեռոցի սկուտեղ

loza

ամանեղեն

taza

բաժակ

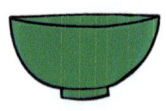

bol

խորը աման

palillos

փայտիկներ

cucharón

շերեփ

espátula

խոհանոցային բահիկ

batidora

հարել

colador

քամիչ

colador

մաղ

rallador

քերիչ

mortero

հավանգ

barbacoa

խորոված

fogata

բաց կրակի

tabpara picar

տախտակ

rodillo para amasar

գրտնակ

sacacorchos

խցանահան

lata

բանկա

abrelatas

բացիչ

guante de cocina

խոհանոցային բռնիչ

fregadero

լվացարան

cepillo

խոզանակ

esponja

սպունգ

batidora

բլենդեր

congelador

սառնարան

biberón

մանկական շիշ

llave

թակել

cocina - խոհանոց

# baño

## լողասենյակ

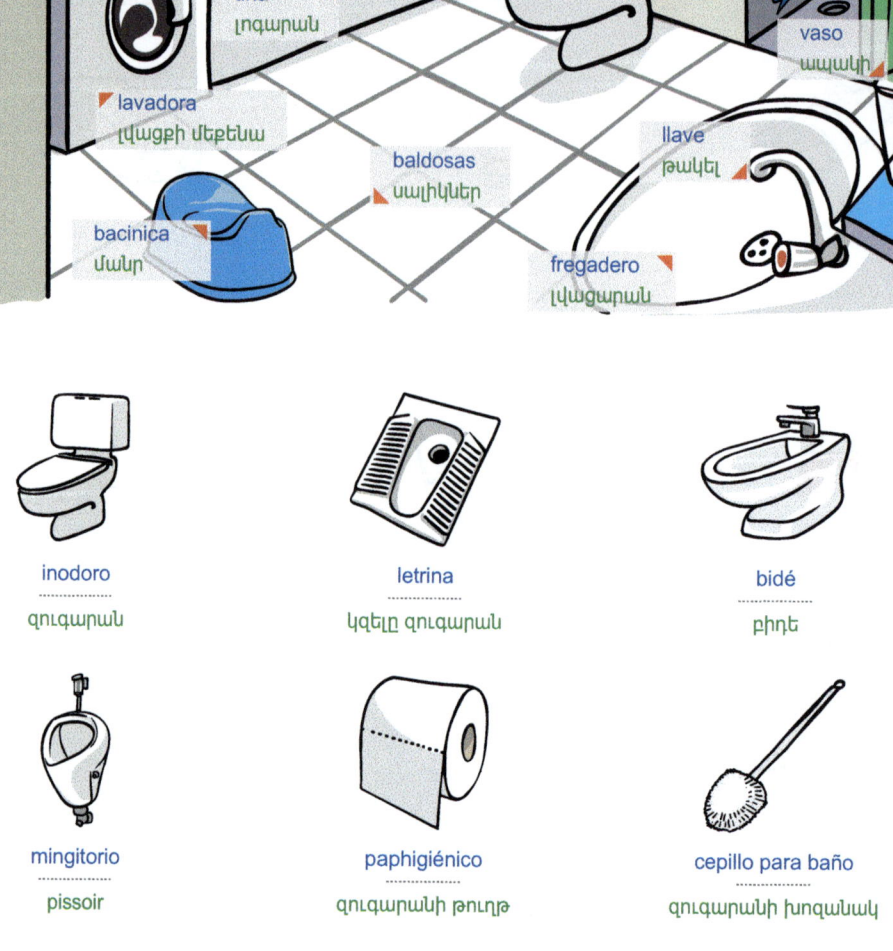

calefacción
ջեռուցում
toalla
սրբիչ
ducha
ցնցուղ
cortina de ducha
լոգարանի վարագույր
baño de espuma
փրփուրով վաննա
tina
լոգարան
vaso
lavadora
լվացքի մեքենա
llave
թակել
baldosas
սալիկներ
bacinica
մանր
fregadero
լվացարան

inodoro

զուգարան

letrina

կզելը զուգարան

bidé

բիդե

mingitorio

pissoir

paphigiénico

զուգարանի թուղթ

cepillo para baño

զուգարանի խոզանակ

| | | |
|---|---|---|
| cepillo de dientes | pasta dental | hilo dental |
| ատամի խոզանակ | ատամի քսուք | ատամի թել |
| lavar | ducha de mano | ducha vaginal |
| լվանալ | ձեռքի ցնցուղ | ցնցուղ |
| fregadero | cepillo de espalda | jabón |
| ավազան | մեջքի խոզանակ | օճառ |
| gde ducha | champú | toallita |
| լոգանքի գել | շամպուն | ճիլոպ |
| drenaje | crema | desodorante |
| հատականցք | կրեմ | դեզոդորանտ |

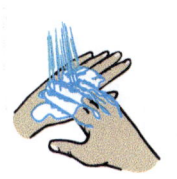

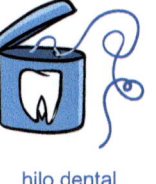

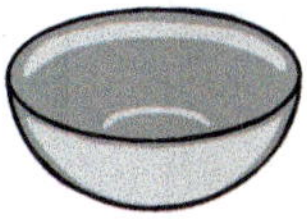

baño - լողասենյակ

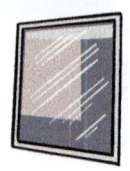

| | | |
|---|---|---|
| espejo | espejo de tocador | máquina para afeitar |
| հայելի | ձեռքի հայելի | սափրիչ |
| espuma de afeitar | loción para después de afeitar | peine |
| Սափրվելու փրփուր | սափրվելուց հետո քսվող լոսյոն | սանր |
| cepillo | secadora | laca |
| խոզանակ | մազերի չորացուցիչ | մազի լաք |
| maquillaje | lápiz labial | esmalte para uñas |
| դիմահարդարում | շրթնաներկ | եղունգների լաք |
| algodón | tijeras para uñas | perfume |
| բամբակ | եղունգների մկրատ | օծանելիք |

baño - լոդասենյակ

tuche para cosméticos

դիմահարդարման պայուսակ

taburete

աթոռակ

báscula

կշեռք

bata

լողանալու խալաթ

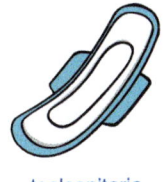

guantes de goma

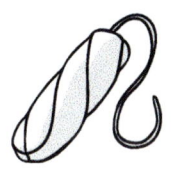

ռետինե ձեռնոցներ

tampón

տամպոն

toalsanitaria

սանիտարական սրբիչ

baño móvil

քիմիական զուգարան

# recámara de los niños
## մանկական սենյակ

**despertador** — զարթուցիչ ժամացույց
**peluche** — փափուկ խաղալիք
**carro de juguete** — խաղալիք մեքենա
**casa de muñecas** — տիկնիկների տնակ
**regalo** — նվեր
**sonaja** — բլբլալ

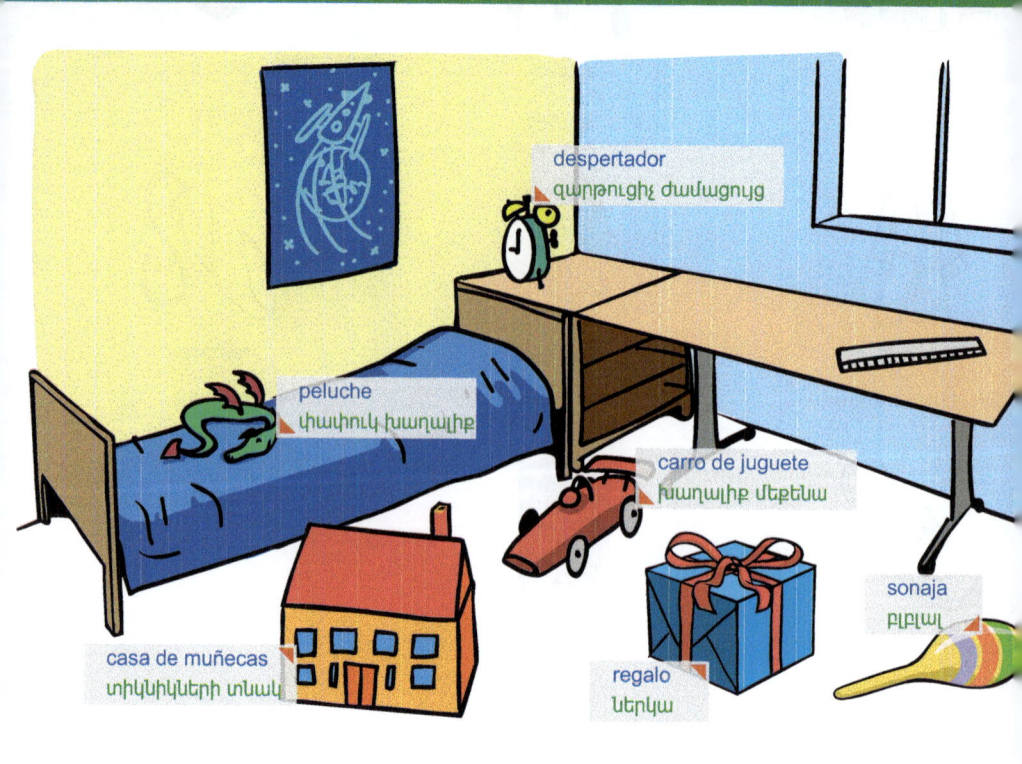

**globo**
փուչիկ

**cama**
մահճակալ

**carriola**
մանկական սայլակ

**cartas**
խաղաթղթեր

**rompecabezas**
խճապատկեր

**cómic**
կոմիքս

recámara de los niños - մանկական սենյակ

| | | |
|---|---|---|
| piezas de lego | bloques para jugar | figura de acción |
| Լեգո կուբիկներ | կառուցողական խաղալիքներ | ակցիան գործիչ |
| mameluco | frisbee | móvil para bebés |
| մանկական բոդի | Frisbee | շարժական |
| juego de mesa | dados | tren eléctrico |
| խաղատախտակ | զառախաղ | գնացքների կազմ |
| maniquí | fiesta | álbum de fotos |
| ծծակ | կուսակցություն | մանկական պատկերազարդ գիրք |
| balón | muñeca | jugar |
| գնդակ | տիկնիկ | խաղալ |

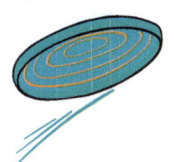

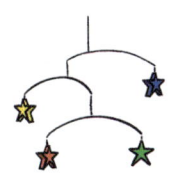

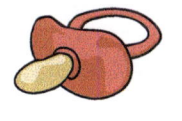

recámara de los niños - մանկական սենյակ

43

arenero

ավազե խաղահրապարակի

columpio

ռիթմ

juguetes

խաղալիքներ

consode videojuegos

վիդեո խաղ մխիթարել

triciclo

եռանիվ հեծանիվ

oso de peluche

խաղալիք արջուկ

clóset

պահարան

## ropa

## հագուստ

calcetines

կիսագուլպա

pantimedias

գուլպա

mallas

զուգագուլպա

**bufanda**
շարֆ

**paraguas**
հովանոց

**playera**
շապիկ

**cinto**
գոտի

**botas**
կոշիկ

**chanclas**
հողաթափեր

**tenis**
սպորտային կոշիկներ

| sandalias | zapatos | botas de goma |
|---|---|---|
| սանդալներ | կոշիկ | ռետինե կոշիկներ |

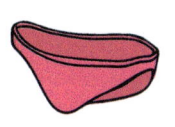

| ropa interior | brasier | chaleco |
|---|---|---|
| վարտիք | կրծկալ | մայկա |

ropa - հագուստ

45

| | | |
|---|---|---|
| **body** | **pantalones** | **pantalones de mezclilla** |
| մարմին | անդրավարտիք | ջինս |
| **falda** | **blusa** | **camisa** |
| կիսաշրջազգեստ | բլուզ | վերնաշապիկ |
| **suéter** | **sudadera** | **saco sport** |
| պուլովեր | սպորտային կուրտկա | պիջակ |
| **chamarra** | **abrigo** | **impermeable** |
| կուրտկա | վերարկու | անձրևանոց |
| **traje** | **vestido** | **vestido de novia** |
| կանացի կոստյում | զգեստ | հարսանյաց զգեստ |

ropa - հագուստ

traje

ղամարդու կոստյում

camisón

գիշերանոց

pijama

պիժամա

sari

Սարի

pañuelo para cabeza

գլխաշորն

turbante

չալմա

burka

չադրա

caftán

արևելյան խալաթ

abaya

հաստ վերարկու

traje de baño

կանացի լողազգեստ

short de baño

տղամարդու լողազգեստ

shorts

շորտ

pants

պորտային համազգեստ

delantal

գոգնոց

guantes

ձեռնոցներ

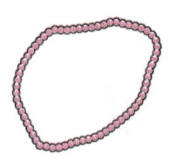

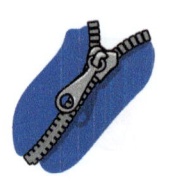

| | | |
|---|---|---|
| botón | gafas | brazalete |
| կոճակ | ակնոց | ապարանջան |
| collar | anillo | arete |
| վզնոց | մատանի | ականջօղ |
| gorra | gancho | sombrero |
| գլխարկ | կախիչ | գլխարկ |
| corbata | cierre | casco |
| փողկապ | շղթա | սաղավարտ |
| tirantes | uniforme | uniforme |
| տաբատակալ | դպրոցական համազգեստ | համազգեստ |

ropa - հագուստ

babero
մանկական գոգնոց

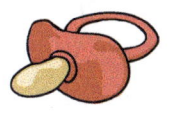

maniquí
ծծակ

pañal
մանկական տակդիր

## oficina
### գրասենյակ

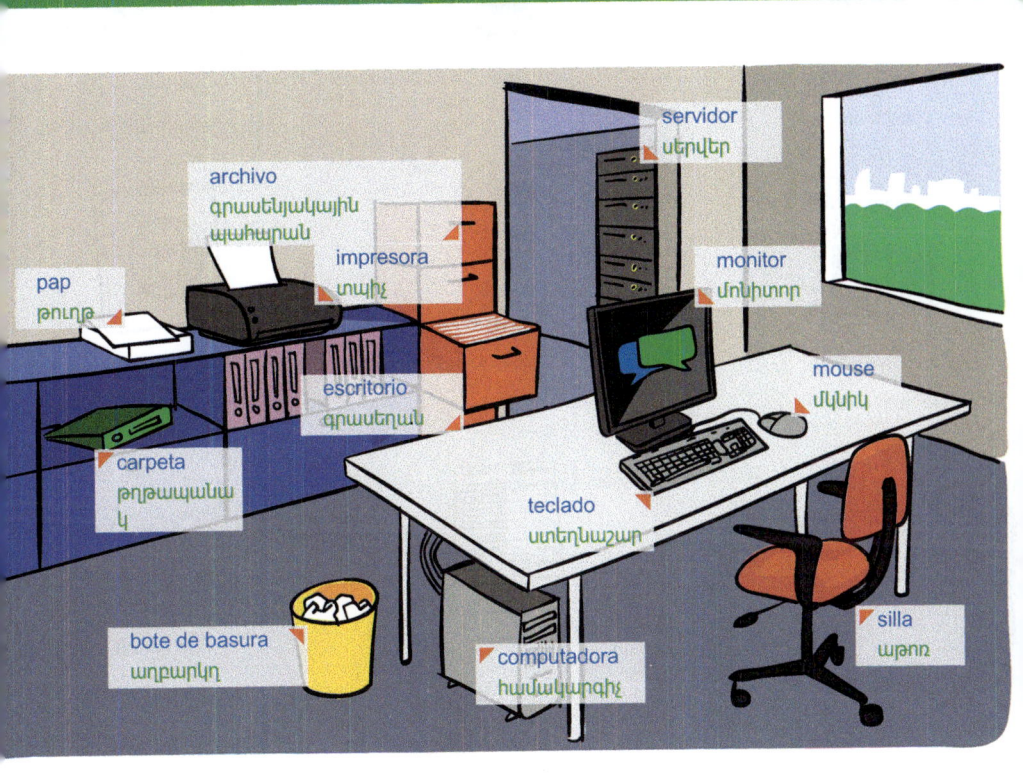

- servidor — սերվեր
- archivo — գրասենյակային պահարան
- impresora — տպիչ
- monitor — մոնիտոր
- pap — թուղթ
- mouse — մկնիկ
- escritorio — գրասեղան
- carpeta — թղթապանակ
- teclado — ստեղնաշար
- silla — աթոռ
- bote de basura — աղբարկղ
- computadora — համակարգիչ

taza de café
սուրճի գավաթ

calculadora
հաշվիչ

internet
ինտերնետ

oficina - գրասենյակ 49

notebook
laptop

carta
նամակ

mensaje
հաղորդագրություն

móvil
բջջային հեռախոս

red
ցանց

fotocopiadora
պատճենահանման սարք

software
ծրագրային ապահովում

teléfono
հեռախոս

tomacorriente
վարդակ

fax
ֆաքսի մեքենա

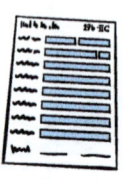

formulario
տեսակ

documento
փաստաթուղթ

50     oficina - գրասենյակ

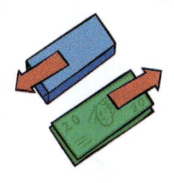

# economía
## տնտեսություն

| | | |
|---|---|---|
| comprar | pagar | hacer negocios |
| գնել | վճարել | առևտրի |

**USD**
dinero / դոլար — dólar / դոլար — euro / եվրո

**EUR**

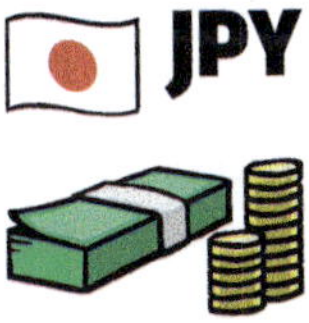

**JPY** — yen / իեն
**RUB** — rublo / ռուբլի 
**CHF** — franco suizo / շվեյցարական ֆրանկ 

**CNY** — yuan / յուան
**INR** — rupia / ռուփի 
cajero automático / բանկոմատ

economía - տնտեսություն 51

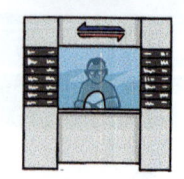

| | | |
|---|---|---|
| casa de cambio | oro | plata |
| փոխանակման կետ | ոսկի | արծաթ |
| petróleo | energía | precio |
| նավթ | էներգիա | գին |
| contrato | impuesto | acción |
| պայմանագիր | հարկ | ակցիաներ |
| trabajar | empleado | empleador |
| աշխատանք | ծառայող | գործատուն |
| fábrica | tienda | |
| գործարան | խանութ | |

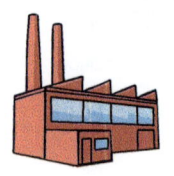

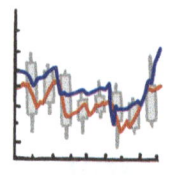

economía - տնտեսություն

# ocupaciones
## մասնագիտություն

policía
ոստիկան

bombero
հրշեջ

cocinero
խոհարար

médico
բժիշկ

piloto
օդաչու

jardinero
այգեպան

carpintero
ատաղձագործ

costurera
դերձակուհի

juez
դատավոր

farmacéutico
քիմիկոս

actor
դերասան

ocupaciones - մասնագիտություն 53

| | | |
|---|---|---|
| conductor de autobús | taxista | pescador |
| ավտոբուսի վարորդ | տաքսու վարորդ | ձկնորս |
| señora de limpieza | instalador de techos | camarero |
| հավաքարար | տանիքագործ | մատուցող |
| cazador | pintor | panadero |
| որսորդ | նկարիչ | հացթուխ |
| electricista | obrero | ingeniero |
| էլեկտրատեխնիկ | շինարար | ինժեներ |
| carnicero | plomero | cartero |
| մսագործ | ջրմուղագործ | փոստարար |

ocupaciones - մասնագիտություն

soldado

զինվոր

arquitecto

ճարտարապետ

cajero

գանձապահ

florista

ծաղկավաճառ

peluquero

վարսավիր

cobrador

տոմսավաճառ

mecánico

մեխանիկ

capitán

կապիտան

dentista

ատամնաբույժ

científico

գիտնական

rabino

ռաբբի

imán

Իմամ

monje

կուսակրոն

sacerdote

հոգևորական

ocupaciones - մասնագիտություն

# herramientas
## գործիքներ

martillo
մուրճ

pinza
տափակաբերան աքցան

desarmador
պտուտակահան

llave
դարձակ

linterna
լապտեր

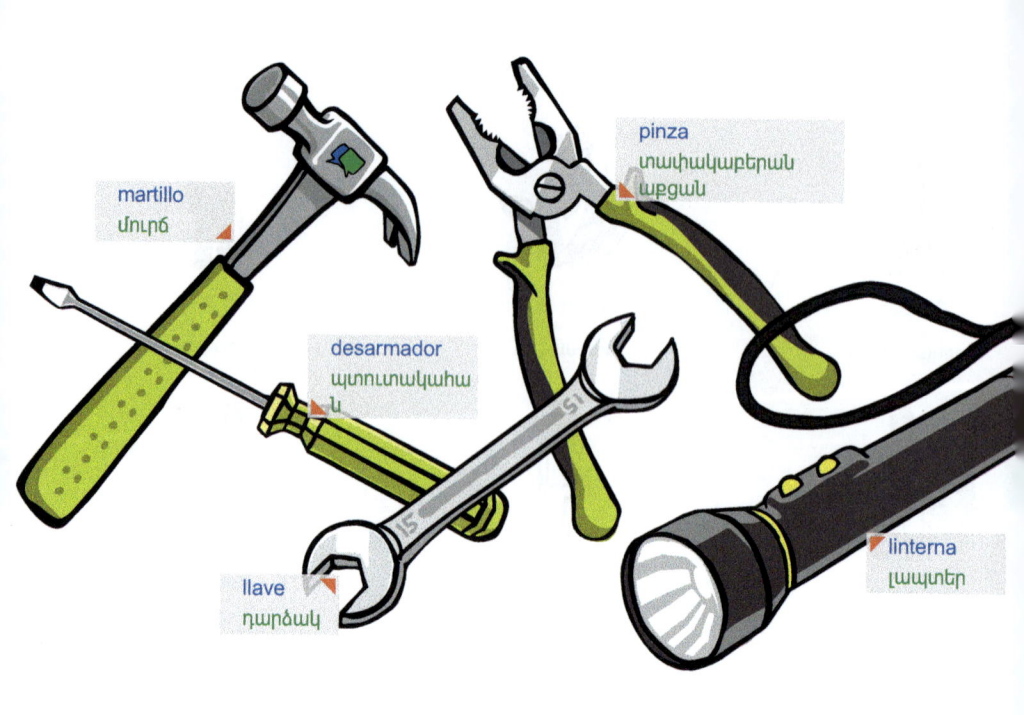

excavadora
էքսկավատոր

caja de herramientas
գործիքների տուփ

escalera de mano
սանդուղք

sierra
սղոց

clavos
մեխեր

taladro
գայլիկոն

herramientas - գործիքներ

reparar
նորոգում

pala
բահ

¡Maldición!
գրողը տանի

recogedor
գոգաթիակ

bote de pintura
ներկաման

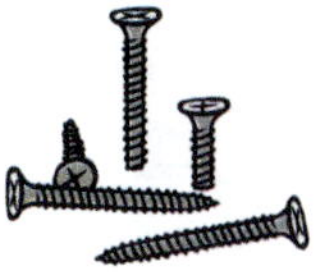

tornillos
պտուտակներ

## instrumentos musicales
## երաժշտական գործիքներ

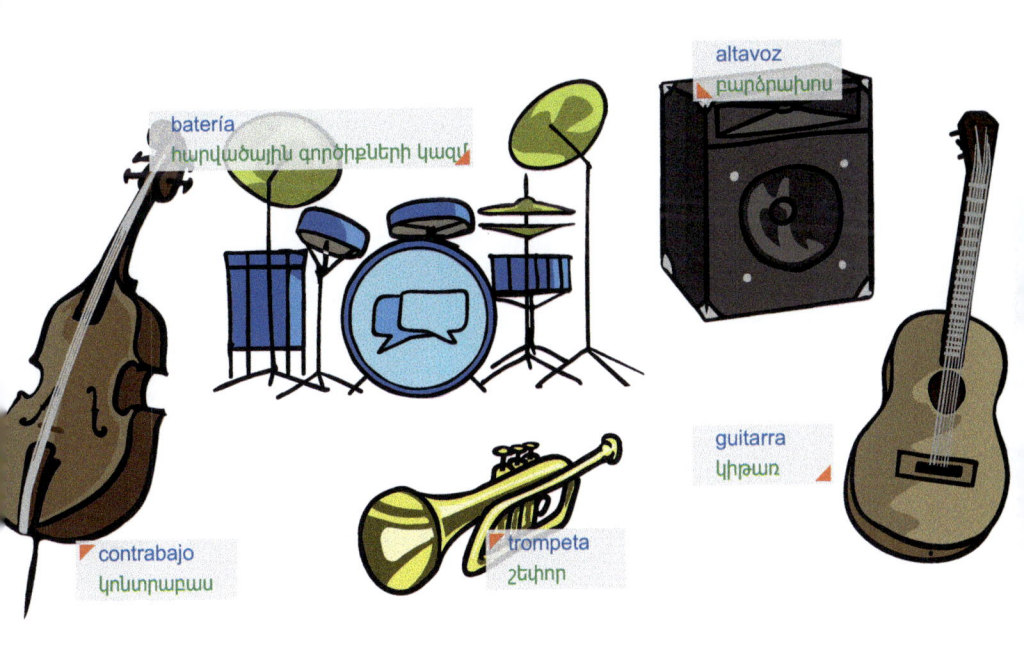

altavoz
բարձրախոս

batería
հարվածային գործիքների կազմ

guitarra
կիթառ

contrabajo
կոնտրաբաս

trompeta
շեփոր

57

| | | |
|---|---|---|
| piano | violín | bajo |
| դաշնամուր | ջութակ | բաս |
| timbales | tambor | teclado |
| թմբուկներ | հարվածային գործիքներ | ստեղնաշար |
| saxofón | flauta | micrófono |
| սաքսոֆոն | ֆլեյտա | միկրոֆոն |

instrumentos musicales - երաժշտական գործիքներ

# zoológico
## կենդանաբանական այգի

- tigre — վագր
- entrada — մուտք
- jaula — վանդակ
- cebra — զեբր
- alimento para animales — կենդանիների կերակուր
- oso panda — պանդա

animales
կենդանիներ

elefante
փիղ

canguro
կենգուրու

rinoceronte
ռնգեղջյուր

gorila
գորիլա

oso
գորշ արջ

zoológico - կենդանաբանական այգի

| camello | avestruz | león |
|---|---|---|
| ուղտ | ջայլամ | առյուծ |

| mono | flamenco | loro |
|---|---|---|
| կապիկ | ֆլամինգո | թութակ |

| oso polar | pingüino | tiburón |
|---|---|---|
| բևեռային արջ | պինգվին | շնաձուկ |

| pavo real | serpiente | cocodrilo |
|---|---|---|
| սիրամարգ | օձ | կոկորդիլոս |

| guardián de zoológico | foca | jaguar |
|---|---|---|
| կենդանաբանական այգու աշխատող | փոկ | յագուար |

zoológico - կենդանաբանական այգի

| | | |
|---|---|---|
| poni | leopardo | hipopótamo |
| պոնի | ընձառյուծ | գետաձի |
| jirafa | águila | jabalí |
| ընձուղտ | արծիվ | վարազ |
| pescado | tortuga | morsa |
| ձուկ | կրիա | ծովացուլ |
| zorro | gacela | |
| աղվես | վիթ | |

zoológico - կենդանաբանական այգի

# deportes
## սպորտներ

**fútbol americano** — ամերիկյան ֆուտբոլ

**ciclismo** — հեծանվավազք

**tenis** — թենիս

**baloncesto** — բասկետբոլ

**natación** — լող

**boxeo** — բռնցքամարտ

**hockey sobre hielo** — հոկեյ

**fútbol** — ֆուտբոլ

**bádminton** — բադմինտոն

**atletismo** — աթլետիկա

**handball** — ձեռքի գնդակ

**esquí** — դահուկային սպորտ

**polo** — պոլո

deportes - սպորտներ

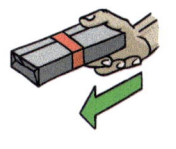

# actividades
## գործունեություն

- saltar — ցատկել
- reír — ծիծաղել
- abrazar — գրկել
- caminar — քայլել
- cantar — երգել
- soñar — երազել
- rezar — աղոթել
- besar — համբուրել

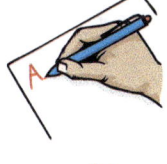

| escribir | dibujar | mostrar |
| --- | --- | --- |
| գրել | նկարել | ցույց տալ |

|  empujar | dar | tomar |
| --- | --- | --- |
| հրել | տալ | վերցնել |

actividades - գործունեություն 63

| | | |
|---|---|---|
| tener | hacer | ser |
| ունենալ | դեպի | լինել |
| estar parado | correr | jalar |
| կանգնել | վազել | քաշել |
| arrojar | caer | estar acostado |
| նետել | ընկնել | ստել |
| esperar | llevar | estar sentado |
| սպասել | կրել | նստել |
| vestirse | dormir | despertar |
| հագնվել | քնել | արթնանալ |

actividades - գործունեություն

| | | |
|---|---|---|
| mirar — նայել | llorar — լացել | acariciar — շոյել |
| peinar — սանրվել | hablar — խոսել | entender — հասկանալ |
| preguntar — հարցնել | escuchar — լսել | beber — խմել |
| comer — ուտել | ordenar — հարդարվել | amar — սիրել |
| cocinar — խոհարար | conducir — քշել | volar — թռչել |

actividades - գործունեություն

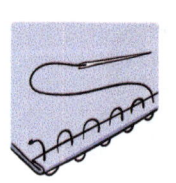

| | | |
|---|---|---|
| **navegar** | **calcular** | **leer** |
| լողալ | հաշվել | կարդալ |
| **aprender** | **trabajar** | **casarse** |
| սովորել | աշխատանք | ամուսնանալ |
| **coser** | **cepillarse los dientes** | **matar** |
| կարել | ատամները լվանալ | սպանել |
| **fumar** | **enviar** | |
| ծուխ | ուղարկել | |

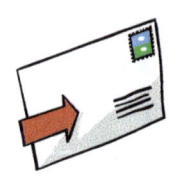

actividades - գործունեություն

# familia
## ընտանիք

- abuela — տատիկ
- abuelo — պապիկ
- padre — հայր
- madre — մայր
- bebé — երեխա
- hija — դուստր
- hijo — որդի

| invitado | tía | tío |
|---|---|---|
| հյուր | հորաքույր | հորեղբայր |

| hermano | hermana |
|---|---|
| եղբայր | քույր |

familia - ընտանիք

# cuerpo
## մարմին

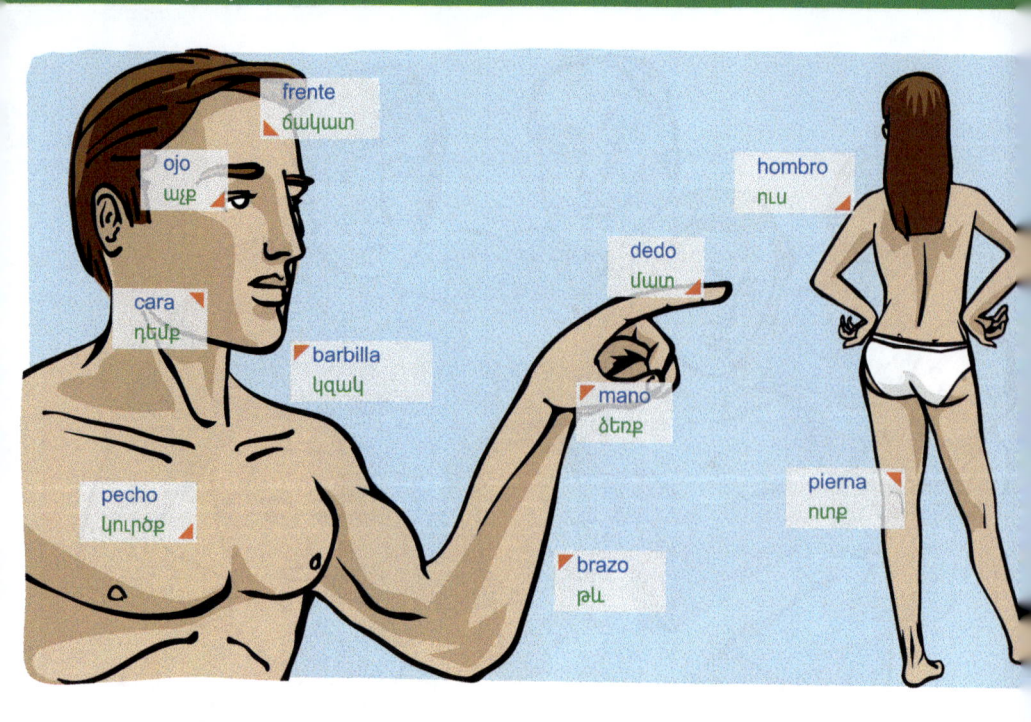

- frente — ճակատ
- ojo — աչք
- hombro — ուս
- dedo — մատ
- cara — դեմք
- barbilla — կզակ
- mano — ձեռք
- pecho — կուրծք
- pierna — ոտք
- brazo — թև

bebé — երեխա

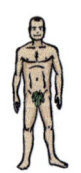

hombre — մարդ

mujer — կին

niña — աղջիկ

niño — տղա

cabeza — գլուխ

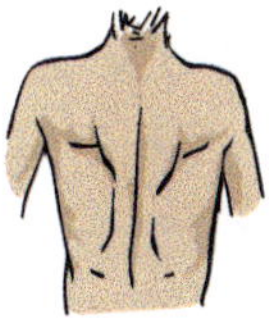

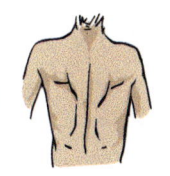

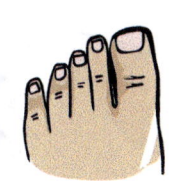

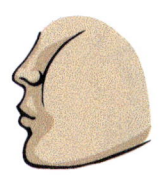

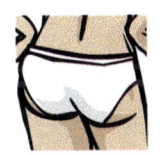

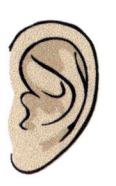

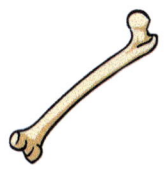

espalda

մեջք

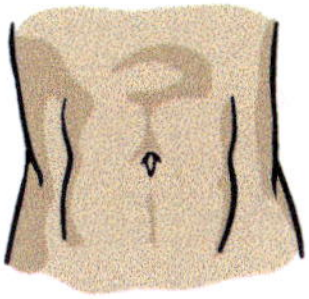

barriga

փոր

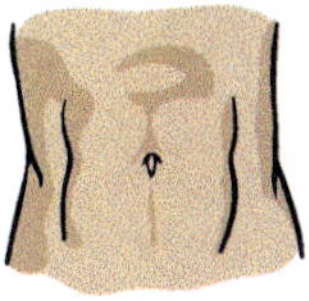

ombligo

պորտ

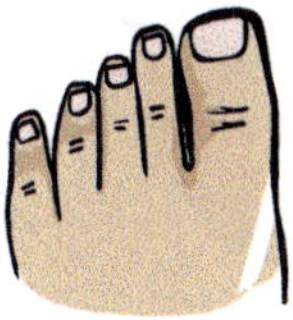

dedo dpie

ոտնամատ

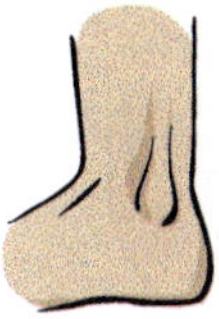

talón

կրունկ

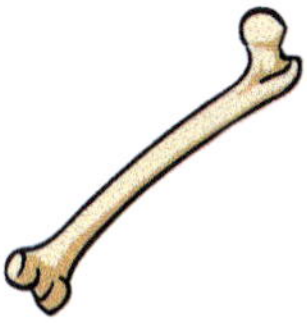

hueso

ոսկոր

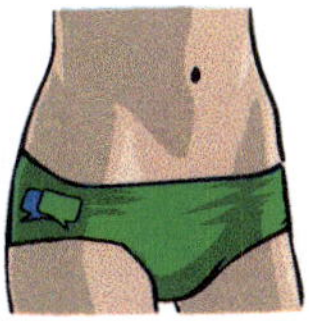

cadera

ազդր

rodilla

ծունկ

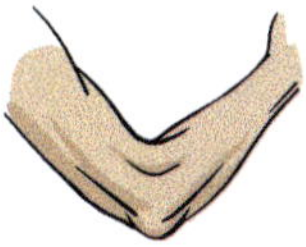

codo

արմունկ

nariz

քիթ

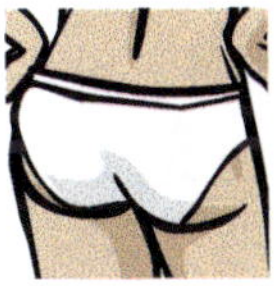

pompis

հետույք

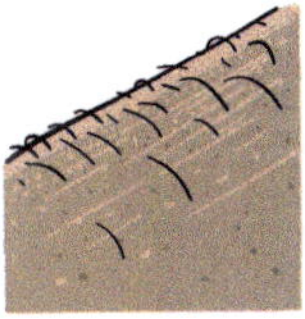

piel

մաշկ

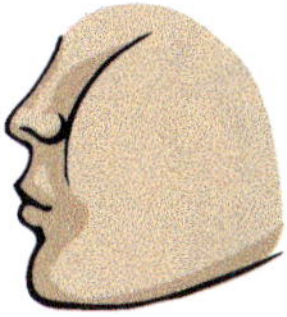

mejilla

այտ

oído

ականջ

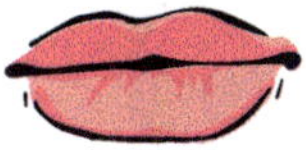

labio

շրթունք

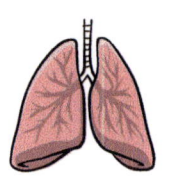

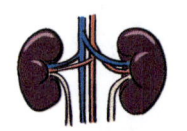

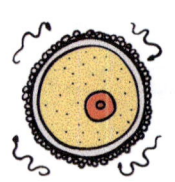

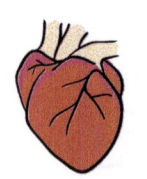

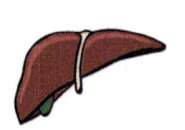

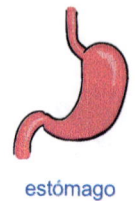

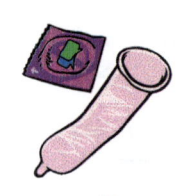

| | | |
|---|---|---|
| boca | diente | lengua |
| բերան | ատամ | լեզու |
| cerebro | corazón | músculo |
| ուղեղ | սիրտ | մկան |
| pulmón | hígado | estómago |
| թոք | լյարդ | ստամոքս |
| riñones | sexo | condón |
| երիկամներ | սեքս | պահպանակներ |
| óvulo | semen | embarazo |
| ձվաբջիջը | Սեմյոն | հղիություն |

cuerpo - մարմին

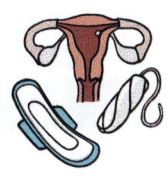

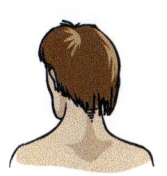

| | | |
|---|---|---|
| menstruación | vagina | pene |
| դաշտան | հեշտոց | առնանդամ |
| ceja | cabello | cuello |
| հոնք | մազ | պարանոց |

cuerpo - մարմին

# hospital
## հիվանդանոց

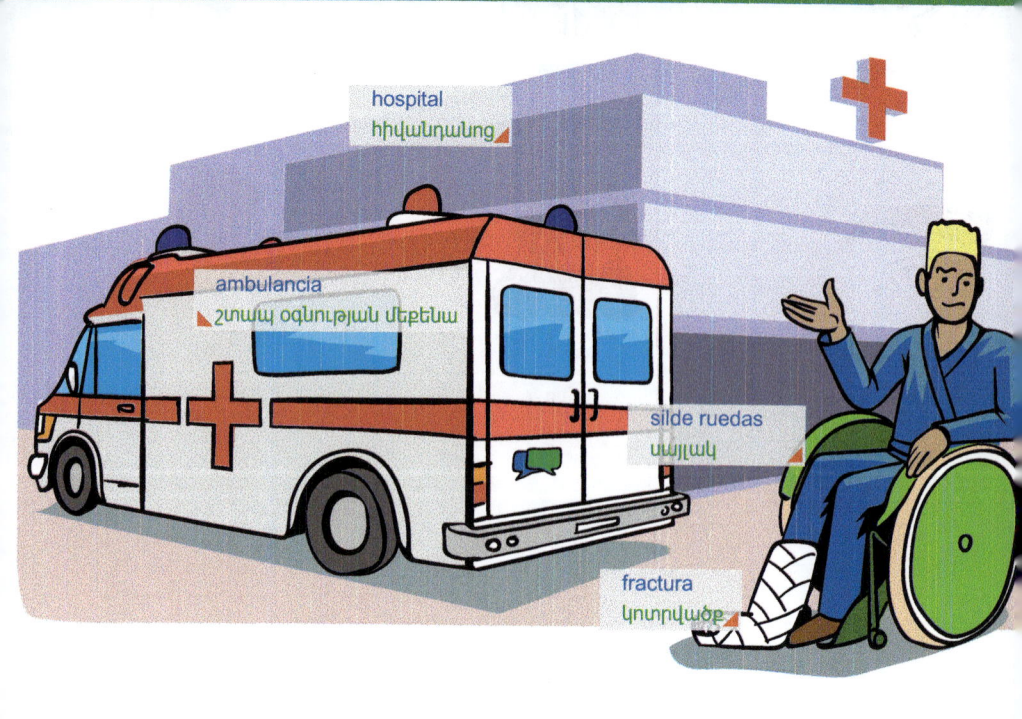

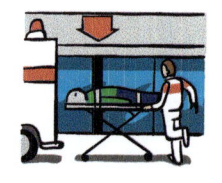

- hospital — հիվանդանոց
- ambulancia — շտապ օգնության մեքենա
- silde ruedas — սայլակ
- fractura — կոտրվածք

| médico | sade emergencias | enfermera |
|---|---|---|
| բժիշկ | շտապ օգնության սենյակ | բուժքույր |

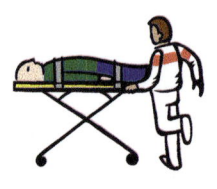

| emergencia | inconsciente | dolor |
|---|---|---|
| շտապ օգնություն | անգիտակից | ցավ |

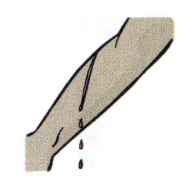

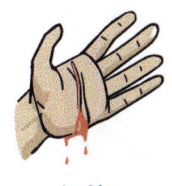

| | | |
|---|---|---|
| lesión | hemorragia | infarto |
| վնասվածք | արյունահոսություն | սրտի կաթված |
| accidente cerebrovascular | alergia | tos |
| կաթված | ալերգիա | հազ |
| fiebre | gripa | diarrea |
| տենդ | գրիպ | փորլուծություն |
| dolor de cabeza | cáncer | diabetes |
| գլխացավ | քաղցկեղ | դիաբետ |
| cirujano | bisturí | operación |
| վիրաբույժ | վիրադանակ | վիրահատություն |

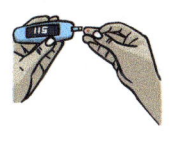

hospital - հիվանդանոց 73

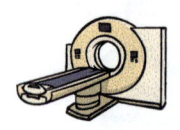

| | | |
|---|---|---|
| TC<br>CT | rayos x<br>ռենտգեն | ultrasonido<br>ուլտրաձայնային |
| mascarilla<br>դեմքի դիմակ | enfermedad<br>հիվանդություն | sade espera<br>սպասասրահ |
| muleta<br>հենակ | vendita<br>սպեղանի | vendaje<br>վիրակապ |
| inyección<br>ներարկում | estetoscopio<br>լսափողակ | camilla<br>պատգարակ |
| termómetro<br>ջերմաչափ | nacimiento<br>ծնունդ | sobrepeso<br>ավելաքաշ |

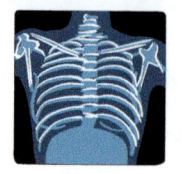

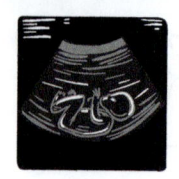

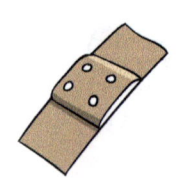

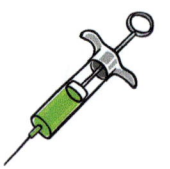

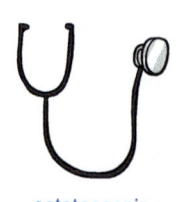

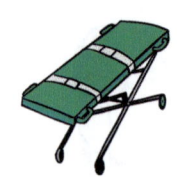

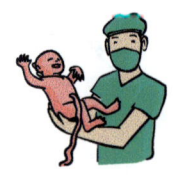

74  hospital - հիվանդանոց

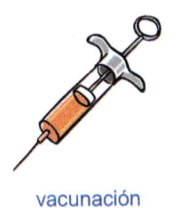

| | | |
|---|---|---|
| audífono | desinfectante | infección |
| լսելով օգնության | ախտահանիչ | վարակ |
| virus | VIH / SIDA | medicina |
| վիրուս | ՄԻԱՎ / ՁԻԱՀ | դեղորայք |
| vacunación | tabletas | pastilanticonceptiva |
| պատվաստում | հաբեր | հաբ |
| llamada de emergencia | medidor de presión | enfermo / sano |
| ահազանգ | արյան ճնշման չափիչ սարք | հիվանդ / առողջ |

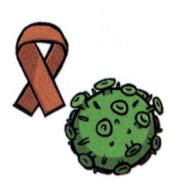

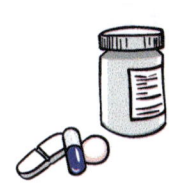

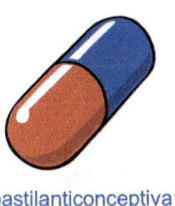

# emergencia

## շտապ օգնություն

¡Socorro!
Օգնություն!

alarma
տագնապի ազդանշան

agresión
հարձակում

ataque
հարձակում

peligro
վտանգ

salida de emergencia
վթարային ելք

¡Fuego!
Հրդեհ

extintor de incendios
կրակմարիչ

accidente
վթար

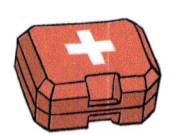

botiquín de primeros auxilios
առաջին օգնության դեղարկղ

SOS
SOS

policía
ոստիկանություն

# tierra
# երկիր

| Europa | Norteamérica | Sudamérica |
|---|---|---|
| Եվրոպա | Հյուսիսային Ամերիկա | Հարավային Ամերիկա |

| África | Asia | Australia |
|---|---|---|
| Աֆրիկա | Ասիա | Ավստրալիա |

| Atlántico | Pacífico | Océano Índico |
|---|---|---|
| Ատլանտյան օվկիանոս | Խաղաղ օվկիանոս | Հնդկական օվկիանոս |

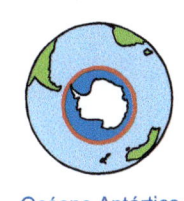

| Océano Antártico | Océano Ártico | polo norte |
|---|---|---|
| Հարավային Սառուցյալ օվկիանոս | Հյուսիսային Սառուցյալ օվկիանոս | հյուսիսային բևեռ |

tierra - երկիր 77

polo sur
հարավային բևեռ

Antártida
Անտարկտիդա

tierra
երկիր

tierra
ցամաք

mar
ծով

isla
կղզի

nación
ազգ

estado
պետական

tierra - երկիր

# reloj
# ժամացույց

**esfera**
թվատախտակ

**manecilde las horas**
ժամի սլաք

**minutero**
րոպեի սլաք

**segundero**
վայրկյանի սլաք

**¿Qué hora es?**
Ժամը քանիսն է?

**día**
օր

**hora**
այսպիսով

**ahora**
այժմ

**reloj digital**
թվային ժամացույց

**minuto**
րոպե

**hora**
ժամ

reloj - ժամացույց

# semana
## շաբաթ

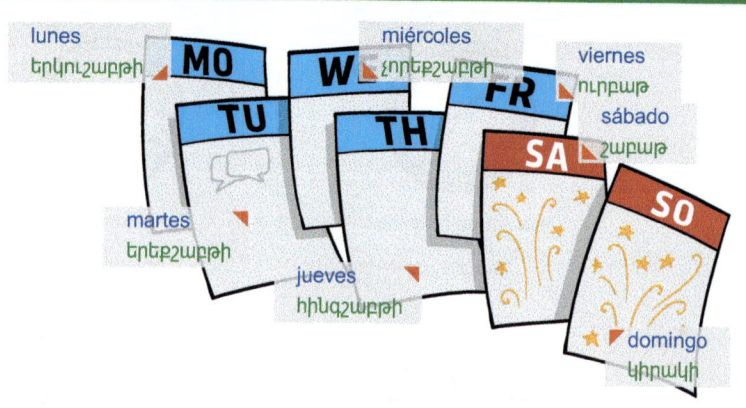

lunes
երկուշաբթի

miércoles
չորեքշաբթի

viernes
ուրբաթ

sábado
շաբաթ

martes
երեքշաբթի

jueves
հինգշաբթի

domingo
կիրակի

ayer
այսօր

hoy
այսօր

mañana
վաղը

mañana
առավոտ

mediodía
կեսօր

tarde
երեկո

días laborables
աշխատանքային օրեր

fin de semana
շաբաթվա վերջ

# año
# տարի

lluvia
անձրև
arco iris
ծիածան
viento
քամի
nieve
ձյուն
primavera
գարուն
verano
ամառ
otoño
աշուն
invierno
ձմեռ

pronóstico dtiempo

եղանակի տեսություն

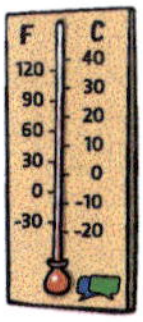

termómetro

ջերմաչափ

sol

արեւի լույս

nube

ամպ

niebla

մառախուղ

humedad

խոնավություն

| | | |
|---|---|---|
| rayo | trueno | tormenta |
| կայծակ | որոտ | փոթորիկ |
| granizo | monzón | inundación |
| կարկուտ | մուսոն | ջրհեղեղ |
| hielo | enero | febrero |
| սառույց | հունվար | փետրվար |
| marzo | abril | mayo |
| մարտ | ապրիլ | մայիս |
| junio | julio | agosto |
| հունիս | հուլիս | օգոստոս |

año - տարի

septiembre

սեպտեմբեր

octubre

հոկտեմբեր

noviembre

նոյեմբեր

diciembre

դեկտեմբեր

**formas**

ձևավորում

círculo

շրջան

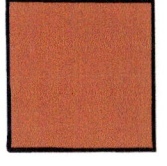

cuadrado

քառակուսի

rectángulo

ուղղանկյունի

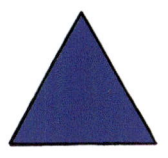

triángulo

եռանկյունի

esfera

ասպարեզ

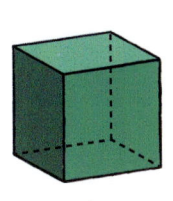

cubo

խորանարդ

# colores
## գույներ

blanco
վարդագույն

amarillo
մոխրագույն

naranja
դեղին

rosa
մանուշակագույն

rojo
կարմիր

morado
շագանակագույն

azul
կապույտ

verde
սև

marrón
նարնջագույն

gris
սպիտակ

negro
կանաչ

# opuestos

## հակադիրներ

mucho / poco

շատ / քիչ

enojado / tranquilo

բարկացած / հանգիստ

bonito / feo

գեղեցիկ / տգեղ

principio / fin

սկսած / վերջը

grande / pequeño

մեծ / փոքր

claro / oscuro

պայծառ / մութ

hermano / hermana

եղբայրը / քույրը

limpio / sucio

մաքուր / կեղտոտ

completo / incompleto

ամբողջական / թերի

día / noche

օր / գիշեր

muerto / vivo

մեռած / կենդանի

ancho / angosto

լայն / նեղ

comestible / no comestible

ուտելի / անուտելի

malo / amable

չար / բարի

entusiasmado / aburrido

հուզված / ձանձրացրել

gordo / delgado

հաստ / բարակ

primero / último

առաջին / վերջին

amigo / enemigo

ընկերը / թշնամին

lleno / vacío

լիքը / դատարկ

duro / blando

կոշտ / փափուկ

pesado / ligero

ծանր / թեթև

hambre / sed

քաղց / ծարավ

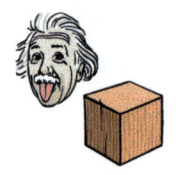

enfermo / sano

հիվանդ / առողջ

ilegal / legal

անօրինական է / իրավաբանական

inteligente / tonto

Խելացի / հիմարություն

izquierda / derecha

ձախ / աջ

cerca / lejos

մոտիկ / հեռու

86 opuestos - հակադիրներ

nuevo / usado
նոր / օգտագործվում

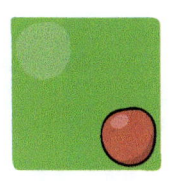

nada / algo
ոչինչ / ինչ - որ բան

viejo / joven
ծեր / երիտասարդ

encendido / apagado
միացում անջատում

abierto / cerrado
բաց / փակ

silencioso / ruidoso
ցածր / բարձր

rico / pobre
հարուստ / աղքատ

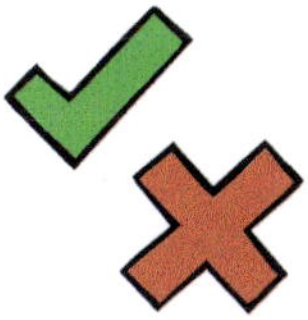

correcto / incorrecto
ճիշտ / սխալ

áspero / suave
անհարթ / հարթ

triste / contento
տխուր / ուրախ

corto / largo
կարճ / երկար

lento / rápido
դանդաղ / արագ

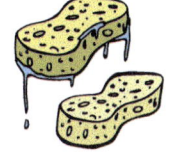

húmedo / seco
թաց / չոր

caliente / frío
տաք / թույն

guerra / paz
պատերազմ / խաղաղությունը

opuestos - հականիշներ

87

# números

## թվեր

| | | |
|---|---|---|
| 0 | 1 | 2 |
| cero | uno | dos |
| զրո | մեկ | երկու |
| 3 | 4 | 5 |
| tres | cuatro | cinco |
| երեք | չորս | հինգ |
| 6 | 7 | 8 |
| seis | siete | ocho |
| վեց | յոթ | ութ |
| 9 | 10 | 11 |
| nueve | diez | once |
| ինը | տաս | տասնմեկ |

**12**

doce

տասներկու

**13**

trece

տասներեք

**14**

catorce

տասնչորս

**15**

quince

տասնհինգ

**16**

dieciséis

տասնվեց

**17**

diecisiete

տասնյոթ

**18**

dieciocho

տասնութ

**19**

diecinueve

տասնինը

**20**

veinte

քսան

**100**

cien

հարյուր

**1.000**

mil

հազար

**1.000.000**

millón

միլիոն

números - թվեր

# idiomas
## լեզուներ

inglés
անգլերեն

inglés americano
ամերիկյան անգլերեն

chino mandarín
չինարեն մանդարին

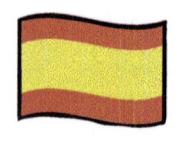

hindi
հինդի

español
իսպաներեն

francés
ֆրանսերեն

árabe
արաբերեն

ruso
ռուսերեն

portugués
պորտուգալերեն

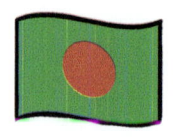

bengalí
բենգալերեն

alemán
գերմաներեն

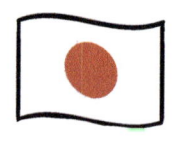

japonés
ճապոներեն

# quién / qué / cómo

## Ով է /, թե ինչ է /, ինչպես

yo

ես

tú

դուք

él / ella

Նա / Նա /, որ դա

nosotros

մենք

vosotros

դուք

ellos

նրանք

¿quién?

Ով է?

¿qué?

ինչ?

¿cómo?

ինչպես?

¿dónde?

որտեղ.

¿cuándo?

երբ?

nombre

անուն

# dónde
## որտեղ

detrás
ետևում

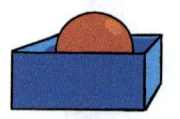

en
մեջ

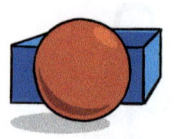

delante de
դիմաց

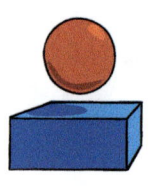

por encima de
վրա

sobre
վրա

debajo de
տակ

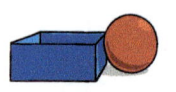

junto a
կողքին

entre
միջև

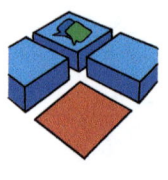

lugar
տեղ